Inhalt

Inflationsindexierte Staatsanleihen

Kernthesen

Beitrag

Fallbeispiele

Weiterführende Literatur

Impressum

GENIOS WirtschaftsWissen Nr. 07/2004 vom 06.07.2004

Inflationsindexierte Staatsanleihen

M.Floßmann

Kernthesen

- Der Bund beabsichtigt in 2005 erstmals inflationsindexierte Anleihen auszugeben.
- Damit sollen Zinskosten eingespart sowie die Benchmark-Position des Finanzplatzes Deutschland gefestigt werden.
- Index Linkes Bonds sind mit einem im Vergleich zu "normalen" Bonds niedrigeren Basiszinssatz ausgestattet, Kupon und Rückzahlungsbetrag werden analog zur Veränderung eines Verbraucherpreisindex angepasst.
- Der Anleger ist mit dieser Anlageform vor inflationsbedingtem Wertverlust der ihm zustehenden Zins- und Tilgungsleistungen

geschützt.
- Gestiegene Inflationserwartungen verhalfen den Papieren mit Inflationsschutz in jüngster Zeit zu wachsendem Anlegerinteresse.

Beitrag

Die Bundesrepublik Deutschland wird erstmals Anleihen mit Inflationsschutz begeben. Mit der Einführung dieser zu den Finanzinnovationen zählenden Papiere möchte die Bundesregierung den Finanzplatz Deutschland stärken und modernisieren. Zudem erwartet man sich eine Einsparung von Finanzierungskosten. Diese Erwartung begründet sich auf seit 1970 durchgeführte Zeitreihenanalysen, welche besagen, dass die Bundesregierung in zwei Drittel der Jahre durch die Ausgabe inflationsindexierter Anleihen Zinskosten gegenüber der Emission "normaler" Anleihen eingespart hätte. Der erste inflationsindexierte Bond der Bundesrepublik soll 2005 emittiert werden, sein Volumen wird rund 10 Milliarden EUR oder maximal 5 Prozent der jährlichen Bruttokreditaufnahme betragen. Basis der Inflationsmessung wird voraussichtlich der Verbraucherpreisindex der Eurozone sein. Derzeit arbeitet man an der Schaffung eines entsprechenden gesetzlichen und

organisatorischen Umfeldes. (1)
Bislang besteht die Möglichkeit in Fonds zu investieren, die schwerpunktmäßig bzw. ausschließlich in Werte mit Inflationsschutz anlegen. Derzeit erhältlich ist der Global Real Return Bond Fund von Schroders sowie der Credit Suisse Bond Fund (Lux) Inflation Linked. (3)

Einige Zahlen

Index Linked Bonds wurden bereits von 26 Staaten ausgegeben, darunter die G7-Länder, Australien, Griechenland, Österreich und Schweden. (1)

Das handelbare Marktvolumen in Höhe von insgesamt 3 850 Milliarden EUR teilt sich in der Eurozone wie folgt auf:
Inflationsindexierte Anleihen: 80 Milliarden EUR / 2 Prozent
Fremdwährungsanleihen: 52 Milliarden EUR / 1,5 Prozent
Geldmarktprodukte: 626 Milliarden EUR / 16 Prozent
Der Rest entfällt auf "normale" festverzinsliche Anleihen (1)

Im Euro-Raum dominieren bislang Frankreich und Großbritannien bei der Ausgabe von Index Linked

Bonds..
In Großbritannien sind 25 Prozent der von Staat emittierten Anleihen inflationsgeschützt. (2)

Seit Mai dieses Jahres können inflationsindexierte Staatsanleihen (auch Linkers genannt) ab einem Volumen von drei Milliarden EUR an der elektronischen Handelsplattform EuroMTS in einem eigenen Segment gehandelt werden. Neben dem Mindestvolumen müssen sie mindestens acht "market maker" aufweisen. (7)

Merkmale inflationsindexierter Anleihen

Gegenüber konventionellen Bonds sind diese Papiere mit einem wesentlich niedrigerem Nominalzinssatz ausgestattet. Kupon und Nominalbetrag werden analog zum zugrundeliegenden Referenz-Preisindex angepasst. Somit bleibt bei inflationsindexierten Papieren der reale Zins sowie die Kaufkraft des eingesetzten Kapitals gleich, während bei "normalen" Anleihen Nominalzinssatz und Nominalwert konstant bleiben, der reale Wert aber mit steigender Inflation abnimmt.
Beispiel: Hat ein Anleger 1993 eine Betrag von 15 000 EUR in eine herkömmliche zehnjährige Anleihe

investiert, so war die Kaufkraft des Nominalbetrages, den er in 2003 zurückerhielt auf 10140 Euro gesunken. Im Falle der Anlage in einen Index Linked Bond hätte sich der Rückzahlungsbetrag auf nominal circa 19 860 EUR erhöht, die Kaufkraft wäre konstant geblieben. (3) Diesem Werterhalt bei Rückzahlung steht jedoch die deutlich niedrigere laufende Verzinsung der Linkers gegenüber, so dass die Frage der Vorteilhaftigkeit anhand der Einzelfälle differenziert zu beachten ist.

Vor- und Nachteile aus Sicht des Anlegers

Neben dem Schutz vor inflationsbedingtem Wertverlust weisen Index Linked Bonds ein geringes Ausfallrisiko, eine verhältnismäßig niedrige Korrelation mit anderen Anlageklassen und vergleichsweise niedrige Kursschwankungen auf. Unter dem Aspekt der Ertragsmaximierung werden Anleger in diese Papiere investieren, wenn ihre Inflationserwartung höher liegt, als bei Ausgabe der Anleihe prognostiziert und bei den Konditionen des Papiers berücksichtigt wurde.
Sollte die tatsächliche Inflation unter dem bei der Emission zugrundegelegten Wert bleiben, wäre ein Investment ohne Inflationskoppelung im Vorteil. (2)

Hauptnachteil ist die vergleichsweise niedrige laufende Verzinsung. Hinzu kommt die gegenüber herkömmlichen Papieren niedrige Liquidität sowie eventuell steuerliche Nachteile durch die Einstufung der Produkte als Finanzinnovation. (10)

Offene Punkte

Noch nicht endgültig entschieden ist die wesentliche Frage, ob für die deutschen Emissionen als Basiswert der nationale oder der europäische Inflationsindex herangezogen werden wird. (2)

Fallbeispiele

USA:
In den USA werden bereits seit 1997 die sogenannten TIPS (Treasury Inflation-Protected Securities) begeben.
Das Resultat einer in den USA durchgeführten Studie auf Grundlage der Jahre 1997 bis 2003 besagt, dass der US-Regierung durch die Ausgabe

inflationsgeschützter Anleihen in diesem Zeitraum drei Milliarden USD zusätzliche Zinskosten entstanden sind. (4)

Italien:
Hier wurde im September 2003 die erste inflationsindexierte Staatsanleihe mit großem Erfolg emittiert.
Die Angaben des italienischen Wirtschafts- und Finanzministeriums über die Zuteilung zeigen die europäische Nachfrage: (2)
Italien: 31%
Deutschland:18 %
Benelux: 13%
Großbritannien: 11%
Frankreich: 11%
Sonstige EWU: 13%
Sonstige Länder: 3%

Frankreich:
Innerhalb der EWU nimmt Frankreich die führende Stellung am Markt für inflationsindexierte Bonds ein. Seit 1998 wurden mehrere zehn- bzw. dreißigjährige Anleihen emittiert, zunächst an den inländischen Preisindex, danach den europäischen "HVPI ohne Tabak" gekoppelt. (2)

Japan:
Im März dieses Jahres war erstmals eine japanische

inflationsindexierte Anleihe erhältlich. Der Erfolg war groß, das Papier war mehrfach überzeichnet. (8)

Beispielrechnung für eine inflationsindexierte Anleihe: (9)
Ausgabekurs: 100%
Laufzeit: 10 Jahre
Basiskupon: 3%
Prämisse: Inflationsrate steigt pro Jahr um 2%
Rückzahlungskurs/Kupon am Ende des
1.Jahres: 102,00 / 3,06%
2.Jahres: 104,02 / 3,12%
3.Jahres: 106,12 / 3,18%
etc.
10.Jahres: 121,90 / 3,66%

Weiterführende Literatur

(1) Bund kündigt inflationsindexierte Bonds an Ab Anfang 2005 sollen Anleihen im Volumen von zunächst rund 10 Mrd. Euro aufgelegt werden
aus Börsen-Zeitung, 02.06.2004, Nummer 104, Seite 18

(2) Inflationsindexierte Bundesanleihen – Bereicherung des Anlageuniversums
aus Die Bank, Heft 02/2004, S. 92-95

(3) Der Inflation ein Schnippchen schlagen Inflationsgeschützte Anleihen sind hier zu Lande

noch nicht zu haben, dafür aber zwei Fonds, die in solche Papiere investieren
aus Financial Times Deutschland vom 14.06.2004, Seite 28

(4) Hesse, Martin, Versicherung gegen steigende Preise, Süddeutsche Zeitung, 03.06.2004, Ausgabe Deutschland, S. 25
aus Financial Times Deutschland vom 14.06.2004, Seite 28

(5) Mit "Tips" gegen den Zinsanstieg
aus Frankfurter Allgemeine Zeitung, 17.06.2004, Nr. 138, S. 23

(6) Keine Angst vor der Teuerung
aus Frankfurter Allgemeine Sonntagszeitung, 16.05.2004, Nr. 20, S. 47

(7) Handelsplattform für Inflationsbonds startet EuroMTS reagiert auf Marktwachstum
aus Börsen-Zeitung, 28.05.2004, Nummer 102, Seite 18

(8) Bondinvestoren greifen nach Inflationsanleihen
aus Financial Times Deutschland vom 25.05.2004, Seite 20

(9) Schubert, Torsten, Inflation, Welt am Sonntag, Jg. 57, 06.06.2004, Nr.23, S.42
aus Financial Times Deutschland vom 25.05.2004, Seite 20

(10) Neinhaus, Andreas, Deutschland plant Ausgabe

teuerungsgeschützter Staatsanleihen, Finanz und Wirtschaft, 05.06.2004, S.33
aus Financial Times Deutschland vom 25.05.2004, Seite 20

Impressum

Inflationsindexierte Staatsanleihen

Bibliografische Information der deutschen Nationalbibliothek

Die Deutsche Nationalbibliothek verzeichnet diese Publikation in der deutschen Nationalbibliografie; detaillierte bibliografische Daten sind im Internet über http://dnb.d-nb.de abrufbar.

ISBN: 978-3-7379-0549-7

© 2015 GBI-Genios Deutsche Wirtschaftsdatenbank GmbH, Freischützstraße 96, 81927 München, www.genios.de

Alle Rechte vorbehalten. Dieses Werk ist einschließlich aller seiner Teile – z.B. Texte, Tabellen und Grafiken - urheberrechtlich geschützt. Jede Verwertung außerhalb der Grenzen des Urheberrechtsgesetzes bedarf der vorherigen Zustimmung des Verlags. Dies gilt insbesondere auch für auszugsweise Nachdrucke, fotomechanische Vervielfältigungen (Fotokopie/Mikroskopie), Übersetzungen, Auswertungen durch Datenbanken oder ähnliche Einrichtungen und die Einspeicherung und Verarbeitung in elektronischen Systemen.